AF371214

JEAN ANGO

1481 – 1551

Tiré à 200 Exemplaires numérotés.

N° ___________________

MANOIR D'ANGO
à Varengeville.

JEAN ANGO

DIEPPE ET LE MANOIR

DE VARENGEVILLE

1481 - 1551

AVEC UNE EAU FORTE

Par Albert MARGUERY

*Membre de la Société des Amis des Sciences naturelles, de la Société industrielle de
Rouen et de la Société française des Archives photographiques, historiques et monumentales.*

ROUEN

IMPRIMERIE DE E. CAGNIARD

—

1876.

AU LECTEUR :

otre pensée, en livrant ces quelques lignes à la publicité, n'a pas été de creuser, dans un profond travail, les considérations philosophiques que l'on pourrait tirer du siècle où vécut notre héros ; non plus de faire un cours d'économie politique savamment élaboré; nous avons voulu simplement faire revivre cette grande figure de la cité dieppoise, caractérisant si bien son époque, par son luxe et sa prodigalité, donnant le type de l'homme au génie audacieux, sorti de la barque de pêcheur pour approcher des degrés du trône ; malheureusement imprévoyant de l'avenir et tombant enfin dans un état voisin de l'indigence après avoir étalé aux yeux de ses concitoyens, un luxe qui éblouit son souverain lui-même.

Nous avons voulu rappeler quelques vieilles coutumes, préserver de l'oubli des ruines qui, bientôt peut-être, ne seront plus.

Puissions-nous avoir réussi à retenir un de ces débris du passé, si prompt à nous échapper, et que le temps dévore si rapidement de sa rouille.

Albert MARGUERY.

ean Ango naquit à Dieppe, en 1481 ; son père possédait déjà une heureuse fortune acquise par de hardies expéditions sur mer, il n'est donc pas étonnant que celui qui nous occupe ait suivi la même carrière. Ce fut à bord d'un navire marchand qui partait pour les côtes de la Méditerranée, qu'Ango fit son premier voyage, à l'âge de seize ans.

Le caractère entreprenant du jeune homme, son audace, sa bravoure en plusieurs circonstances difficiles, lui valurent bientôt le grade de lieutenant dans une expédition sur les côtes d'Afrique. Entraîné par son ardeur juvénile, il fit ensuite plusieurs voyages aux Grandes Indes ; n'ayant d'abord qu'une faible part dans les bénéfices de toutes ces entreprises, il augmenta graduellement ses intérêts et ne tarda pas à acquérir une fortune considérable, que son intelligence et son activité eurent bientôt décuplée [1]. Sa famille, désireuse d'avoir enfin près d'elle ce rude matelot, le décida à quitter le dangereux et pénible métier qui l'avait enrichi. Ango céda, mais après bien des instances, et ce

---

[1] Ses vaisseaux *le Sacre, la Pensée,* abordèrent, en 1529, à Sumatra, avec Parmentier, poëte et navigateur.

fut pour se livrer, plus entièrement encore, aux entreprises lointaines, aux spéculations plus ou moins hasardeuses, vers lesquelles son caractère entreprenant l'entraînait.

Ses vaisseaux sillonnèrent, en tous sens, l'Océan Indien, où ils firent une rude concurrence aux Portugais, qui, jusque-là, avaient été les seuls maîtres du commerce des îles ; et bien plus, on vit flotter son pavillon vainqueur sur les rives du Tage.

Les Portugais, en effet, avaient voulu entraver son trafic des îles et avaient poursuivi l'un de ses vaisseaux. Ango, sûr de sa puissance, confiant dans son crédit près du roi, arma rapidement douze navires qui, peu après, dévastèrent les rives du Tage.

Le roi de Portugal envoya des ambassadeurs à François Ier, pour lui faire des remontrances au sujet des vexations de Jean Ango. Le roi de France, plein de confiance en son vassal, les renvoya sans leur donner satisfaction, avec ces simples paroles : *Allez trouver mon vicomte Ango, c'est à lui de traiter avec vous.*

Non content d'avoir ainsi fait respecter ses droits et de diriger en maître une flotte nombreuse et redoutable, d'en régir les expéditions, d'en surveiller les rapports, Ango songea à acquérir quelques titres honorifiques dans la cité qu'il habitait.

La charge de *Contrôleur du grenier à sel* se trouvait libre : il l'acheta ; il prit aussi à ferme plusieurs seigneuries du pays de Caux et en outre *la Vicomté de Dieppe*, qui appartenait alors à l'archevêque de Rouen[1].

Augmentant ainsi et sa richessse et son crédit, il fut bientôt un seigneur d'importance et sans rival dans le pays ; ses succès commerciaux ne firent du reste que consolider et affermir sa grande fortune.

Riche, favorisé de l'estime générale, le vicomte de Dieppe menait grande vie et ne trouvait plus, dans la cité, de toit digne de l'abriter ; il se fit alors construire un vaste hôtel, sur le terrain occupé aujourd'hui par le *Collége* de la ville de Dieppe[2]. La façade était en bois de chêne délicieusement sculpté, des sujets variés en décoraient les panneaux principaux, et l'on y voyait un singulier mélange de combats contre les Anglais, de scènes de marine, de sujets empruntés aux fables d'Esope et de personnages mythologiques.

L'intérieur de l'habitation n'était pas moins somptueux, la grande salle, donnant vue sur la mer et le port, était ornée de toiles des maîtres les plus célèbres de l'Italie : à l'intérieur des cours, les sculptures les plus délicates étaient prodiguées avec une extraordinaire magnificence, des fontaines jaillissantes entretenaient sous les portiques une fraîcheur continuelle.

[1] Antoine Bohier, abbé de St-Ouen de Rouen, nommé par François Ier, archevêque de Bourges, lui céda à forfait le revenu de l'abbaye de Fécamp.

[2] Vitet . *Histoire des anciennes villes de France.*

Rien, malheureusement, n'a été conservé de cet immeuble si vanté ; cette belle construction fut détruite par le feu, en 1694, lors du bombardement de Dieppe[1].

Nous ne pouvons invoquer qu'un témoin digne de foi : le Cardinal Barberini, qui la visitant, en 1647, ne se lassait pas de l'admirer et répétait aux Pères de l'Oratoire[2], qui l'accompagnaient : *Nunquàm vidi ligneam domum pulcherrimam.*

Cette splendide demeure ne satisfît pas encore l'ambition de l'armateur dieppois, et il voulut avoir sa maison de plaisance.

Il avait précédemment acquis la terre de Varengeville qui avait appartenu, comme Offranville, à M. de Longueil ; sa proximité de la ville de Dieppe, sa jolie situation le portèrent bientôt à démolir l'ancien castel qui y était construit, pour y édifier un véritable palais.

Varengeville, en effet, ombragé de vigoureuses plantations, dominant la mer et la rade de Dieppe, offrait à Ango un digne lieu de repos ; de cette hauteur, il pouvait contempler avec orgueil le port de Dieppe, qui

[1] La même année, la flotte Anglo-Hollandaise tenta de bombarder le Havre, mais elle ne put réussir dans son projet ; trompée d'abord par un stratagème des habitants, elle égara son tir, et fut bientôt forcée de prendre le large devant une furieuse tempête.

[2] En 1614, les Pères de l'Oratoire avaient pris possession de la maison d'Ango que Mgr le Cardinal de Joyeuse avait acquise au prix de 7,000 livres.

lui devait sa vie et sa prospérité, voir ses vaisseaux cingler vers la haute mer ou attendre leur retour des lointains voyages qui, chaque fois, venaient accroître sa fortune.

Vers l'année 1534 (certains auteurs prétendent deux ans plus tôt), Ango était à Varengeville, discutant les plans de son manoir, approuvant les idées de ses sculpteurs, quand ses amis vinrent lui apprendre que le roi François Ier, voulant passer en revue ses nouvelles légions, parcourait la Normandie et s'arrêterait à Dieppe.

Fier de ses richesses, heureux de trouver enfin une occasion d'étaler publiquement son luxe trop peu connu, Ango saisit avec empressement l'opportunité qui s'offrait, et vint proposer à la ville de Dieppe de faire tous les frais de cette réception, comptant bien ainsi acquérir plus complétement encore les bonnes grâces du roi. Des préparatifs splendides furent faits pour cette entrée solennelle [1].

Le roi fut conduit en grande pompe au palais d'Ango

[1] « Le roy se mit en chemin pour venir à Dieppe, accompagné « de plusieurs princes et gentilshommes. Mons. de Chaste qui « était retourné à Longueville, sur les onze heures de nuit, alla « au devant de sa Majesté et à son arrivée à la porte de la ville, « les habitants lui présentèrent les clefs et le conduisirent en le « grand et magnifique manoir de J. Ango, où dèz le mesme jour « elle donna ordre à M. Dallaque, de Monts, d'aller attaquer Neuf- « chatel. » (J. Asseline.)

où de somptueux banquets lui furent servis, ainsi qu'à sa suite. François Ier ne cessait point d'admirer les richesses accumulées dans l'hôtel du noble seigneur; les chroniqueurs du temps rapportent que la vaisselle d'argent qui couvrait les riches buffets des salles du château et qu'Ango avait fait ciseler par d'habiles artistes italiens, eut le privilége d'attirer par dessus tout, l'attention des courtisans et des grands de la Cour qui accompagnaient le Roi.

François Ier fut pleinement satisfait, et comme il avait manifesté le désir de faire, pendant son séjour, une promenade en mer, Ango fit armer six nefs légères dont les formes gracieuses étaient encore embellies par d'élégantes sculptures et de riches dorures, il les offrit à son souverain. Au retour de la promenade, le roi, enchanté de l'accueil de son hôte, le fit vicomte et capitaine et le nomma Commandant de la ville et du château de Dieppe, en remplacement du sieur de Mauroy qui venait de mourir.

Ango avait, pour ainsi dire atteint le faîte des honneurs auxquels il pouvait aspirer: maître et seigneur du château-fort qui commandait la ville, il n'en traversait plus les rues qu'avec une escorte de gens armés et de valets revêtus de sa livrée, c'était un vice-roi dans son petit royaume. En 1535, Ango faisait batir la chapelle de St-Yves, en l'église St-Jacques; a peu près à la même époque, le manoir de Varengeville était terminé et le Commandant de la ville de Dieppe pouvait y goûter les jouissances d'une paix tranquille et honorablement acquise.

Ce qui donne un caractère particulier à ce vieux castel[1], c'est le grand air qu'il a conservé malgré les ravages du temps. Cette mosaïque naturelle, formée de pierres grises et de silex, ces galeries à l'italienne, ces faîtes aigus avec leurs hautes cheminées, tout y annonce la demeure seigneuriale.

A gauche de la cour d'entrée, subsiste encore une galerie de quatre arcades supportées par de courtes colonnes, élevées sur un soubassement relativement haut et couronnées de chapiteaux sur lesquels on peut distinguer des têtes d'anges; entre les arcades et au-dessus, on voit aussi des médaillons à peu près frustes. On accédait à cette galerie par un perron dont il reste quelques marches, c'est la partie la mieux conservée de ces ruines intéressantes. Cette sorte d'*Atrium*, était pavé d'une mosaïque verte et jaune dont on a retrouvé quelques fragments[1]. Au-dessus de la porte d'entrée se lisait le quatrain suivant :

Puis les éfans d'Israël s'amassèrent,
A beau pied sec la Rouge Mer passèrent,
Et Pharaon, en cruaultez plongé,
Les poursuivant, fut des eaulx submergé.

[1] M. J. B. Féret.

Ces vers naïfs étaient surmontés d'une sphère entou-
rée d'une devise où l'on a déchiffré :

Spes mea........ a juventute meâ.

En suivant cette galerie, on arrivait à une tourelle
qui en occupait l'extrémité. C'était un observatoire
d'où la vue s'étendait sur la rade de Dieppe, sur la ville
et les belles plaines des environs, sur la cour du manoir, où on remarque encore un énorme pigeonnier qui
couvre de son ombre une partie de l'enceinte féodale ;
c'est là qu'on a trouvé, il y a quelque temps un écus-
son de pierre sur lequel on a pu reconnaître les armes
du châtelain. Ango portait : *de sable, au champ d'argent, chargé d'un lion marchant du même, avec une
molette d'éperon*[1].

Là s'arrêtent les renseignements historiques que peut
nous fournir le château de Varengeville et nous devons
puiser à d'autres sources, pour suivre notre héros.

Quelques temps après la somptueuse fête que
nous avons rappelée (1545), Ango recevait du Roi
la mission d'organiser une expédition navale sur les
côtes anglaises. Toute une escadre[2] fut équipée et
armée par ses soins, à Boulogne-sur-Mer et à Dieppe ;
elle rejoignit la flotte de François Ier au Havre-de-

---

[1] Son épouse avait pour blason : *de sable au champ d'argent et
trois molettes d'éperon de sable*.

[2] Certains auteurs disent 3oo navires.

Grâce et bientôt les Anglais poursuivis par les vaisseaux français se retiraient après une défaite complète, dont les contemporains nous ont conservé le souvenir, dans le quatrain original que nous citons :

> Ce fut luy seul, luy seul qui fit armer
> La grande flotte, expresse mise en mer ;
> Pour faire veoir à l'orgueil d'Angleterre
> Que François était roi sur terre et sur mer.

Ango avait fait connaître son nom jusqu'aux pays les plus lointains, il avait aidé son Roi, il songea à prêter quelque secours à sa cité, à lui laisser de solides témoignages de sa grande fortune.

La porte du Grand-Pont fut élevée de ses propres deniers, le quai fut consolidé par ses soins, la chapelle St-Yves [1] fut complètement restaurée ; d'autres libéralités vinrent encore signaler l'aisance de l'armateur dieppois.

L'astre de sa fortune était arrivée à son apogée et ne devait pas tarder à décliner. Fier des honneurs dont il était comblé, le vicomte méprisa ses anciens compagnons de travail, et tînt, vis à vis des grands de la ville, une conduite des plus altières, les bourgeois furent dédaignés par le seigneur. Des archers faisaient faire place sur son passage comme pour un prince du sang

[1] Au milieu d'un des frontons, on a retrouvé sa devise entourant la sphère dont l'existence avait été signalée au manoir de Varengeville.

royal. Son arrogance ne connut bientôt plus de bornes, et il s'oublia jusqu'à souffleter un des notables bourgeois de Dieppe nommé Morel, qui était intéressé, pour des sommes importantes dans son négoce.[1] Un procès eut lieu et Ango fut condammé à d'énormes amendes; le discrédit qui s'en suivit, les frais de cette procédure, les dépenses excessives auxquelles il était habitué, l'amoindrissement de ses ressources, l'amenèrent bientôt dans un état voisin de la gêne. Le roi, fâché des égarements de son vassal, lui retira son appui, et Ango se vit forcé de renoncer aux honneurs qu'il avait tant prisés et d'abandonner bientôt son palais de Dieppe pour se retirer en sa villa de Varengeville.

Il implora, dans sa misère, l'aide de la Reine de Navarre, qui lui répondit en ces termes :

> Si ceux à qui vous debvez, comme vous dites,
> Vous coignoissoient comme je vous congnois,
> Quitte seriez des debtes que vous fîtes
> Le temps passé, tant grandes que petites,
> En leur payant un dixain toutefois,
> Tel que le vostre qui vaut mieux mille fois
> Que l'argent deu par vous en conscience.
> Car, estimer on peult l'argent au poids,
> Mais on ne peult, et j'en donne ma voix,
> Assez priser votre belle science.

C'étaient là, il est vrai, de hautes et flatteuses consolations, mais elles n'apportaient qu'un secours bien in-

---

[1] J. Asseline.

signifiant à l'infortuné vicomte, qui mourut, en 1551, abandonné de tous. Ses dépouilles mortelles furent transportées à l'église St-Remy, et ce fut le sieur de Vieupont qui fut élu gouverneur en son lieu et place.

Telle fut la vie de l'homme que la fortune honora de ses faveurs pour l'abandonner bientôt ; tel fut celui qui développa d'une façon si remarquable le commerce dieppois et sut faire respecter le pavillon français par delà les océans.

Triste exemple de la fragilité des honneurs d'ici-bas, mais brillant témoin de la grandeur du siècle auquel il appartint, Ango fut, pour ainsi dire, le fondateur du commerce maritime de Dieppe, et doit, il nous semble, avoir, au moins à ce titre, sa place parmi les illustrations dont s'honore cette antique cité.

Rouen. — Imp. E. Cagniard, rues Jeanne-Darc, 88 et des Basnage, 5.